CHEFS-D'ŒUVRE ILLUSTRÉS AQUILA

Voyage au centre de la terre

D'APRÈS

Jules Verne

Texte français et lexique par G. Robert McConnell

ÉDITIONS
aquila
LIMITÉE

3785, CÔTE DE LIESSE, MONTRÉAL, H4N 2N5   (514) 747-2408

Illustrations : Val Calaquian

ISBN 2-89054-021-9
987654321   098765432

Dépôt légal, 1er trimestre 1982
Bibliothèque nationale du Québec
Bibliothèque nationale du Canada

Composition typographique, impression et reliure
réalisées au Canada pour Éditions Aquila Limitée, Montréal

Publié en anglais sous le titre de *Journey to the Centre of the Earth*
par Pendulum Press Inc., U. s. a., 1974

Préface

La jeunesse n'a, ou croit n'avoir plus de temps, ou plus de goût pour la lecture. La musique populaire, les sports, la technique, le souci d'une rentabilité immédiate ou d'une facile satisfaction, l'audio-visuel peuvent expliquer cette désaffection. Cependant le désir de s'identifier à quelque héro, de vivre avec lui quelque aventure, de fuir le quotidien dans l'imaginaire, ce désir-là demeure bien vivant chez les jeunes. C'est pourquoi la bande dessinée, divertissante, d'accès facile, remporte aujourd'hui un si grand succès.

Si la collection que nous offrons ici s'apparente, c'est évident, à la bande dessinée, nous préférons parler de livres illustrés. En effet, des «classiques» dont la valeur culturelle et littéraire est consacrée en constituent la valeur première; ainsi espérons-nous éveiller un intérêt envers l'œuvre elle-même, envers l'auteur, et, qui sait, conduire nos jeunes amis vers le texte intégral.

De plus, texte et illustrations se veulent, malgré leur caractère simple et direct, empreints d'authenticité et respectueux du message original. Enfin, contrairement à certaines bandes dessinées où le langage se réduit souvent à l'onomatopée, le vocabulaire sera sans recherche mais clair et précis, les structures syntaxiques, ni trop littéraires, ni trop populaires, s'en tiendront toujours à un niveau correct, l'emploi des temps verbaux, limités au présent, au passé composé, à l'imparfait et au plus-que-parfait, demeurera rigoureux.

Ainsi, notre souci d'être accessible et de plaire au jeune lecteur ira-t-il toujours de pair avec celui de préserver la qualité de la communication.

AXEL
Neveu du professeur

HANS
Guide

PROFESSEUR OTTO LIDENBROCK
Grand savant en minérologie
et en géologie

ARNE SAKNUSSEMM
Grand savant islandais
du seizième siècle

GRAÜBEN
Filleule du professeur

Près du centre de la terre, nous avons découvert une forêt immense et un troupeau de mastodontes préhistoriques. Un berger géant les gardait. Nous nous sommes cachés, terrifiés à l'idée d'être vus.

On n'a jamais vu ces animaux autre que dans les musées d'histoire naturelle !

Et nous sommes seuls ici, près du centre de la terre, à leur merci !

Mon étrange aventure a commencé en 1863, en Allemagne. Je vivais à l'époque chez mon oncle, le savant Otto Lidenbrock, qui m'enseignait la géologie.

Mon oncle avait une très belle filleule, Graüben, que je voulais épouser.

Si je travaille fort, je peux beaucoup apprendre de mon oncle.

Ah, Graüben ! Comme tu es belle !

Mon oncle était un homme très intelligent... et très impatient !

Axel ! Axel ! Axel !

Voilà ! Mon oncle est rentré !

Tu montes, Axel ?

J'arrive, mon oncle !

Axel, j'ai acheté un livre ancien qui appartenait à Arne Saknussemm, un grand savant islandais du seizième siècle. J'ai trouvé là-dedans ce bout de papier !

Il y a peut-être là le secret d'une grande découverte de Saknussemm !

C'est l'alphabet runique ! Qu'est-ce que cela peut signifier ?

Je ne sais pas ! C'est un message brouillé... des lettres mêlées...

Je ne vais ni manger ni dormir avant d'avoir déchiffré ce document !

Mais, mon oncle...

Et toi non plus, Axel !

Mais, mon oncle...

Il y a dans ce document en tout 132 lettres placées en désordre. Traduisons dans notre alphabet ; je dicte, tu écris.

Maintenant, essayons de lire en français, en anglais, en espagnol...

Les savants écrivaient tous en latin. Essayons le latin.

Essayons toutes les combinaisons possibles.

Pas de dîner, pas de petit déjeuner... ils vont mourir de faim !

Nous avons tout essayé. J'abandonne.

Il y a sûrement une clef !

Il faisait chaud. Je m'éventais avec ma feuille de papier quand tout à coup...

Mon oncle !

Il faut commencer à lire par la fin !

Tu as raison ! C'est écrit en latin et à l'envers !

«Descends, voyageur audacieux, dans le cratère du Yocul de Sneffels que l'ombre du Scartaris touche avant le début de juillet et tu vas atteindre le centre de la terre. Je l'ai fait, moi.»

Arne Saknussemm

Le professeur traduit.

Mais qu'est-ce que cela veut dire ? Qu'est-ce que c'est que le Sneffels et le Scartaris ?

Le Sneffels est un volcan éteint en Islande. Un de ses pics s'appelle le Scartaris.

Avant le début de juillet, le Scartaris projette son ombre sur l'ouverture du cratère particulier qui mène au centre de la terre.

Mais on dit que la chaleur augmente à mesure qu'on s'enfonce dans la terre. La chaleur au centre de la terre doit dépasser deux cent mille degrés !

Je ne crois pas à la théorie de la chaleur interne de la terre, Axel. Mais le seul moyen de le savoir est de suivre les traces d'Arne Saknussemm.

Mon oncle était fou de joie.

Tu m'as rendu un grand service, Axel ! Tu m'as aidé à déchiffrer le document de Saknussemm. Tu vas partager la gloire de nos découvertes !

Vous êtes bien gentil, mon oncle.

Fais les valises ! On part tout de suite pour le centre de la terre.

Mais c'est impossible ! Vous ne croyez pas que ce Saknussemm est vraiment allé au centre de la terre !

J'ai essayé de le convaincre que le manuscrit était sans doute un canular, que la plupart des géologues pensaient qu'il faisait trop chaud au centre de la terre pour y pénétrer. Mais il ne voulait pas m'écouter. J'ai raconté à Graüben les projets de mon oncle.

... au centre de la terre !

C'est fantastique, Axel !

Tu n'es pas opposée à ce projet fou ?

Mais non, Axel ! Je pense que c'est formidable !

C'était le comble !

Deux jours plus tard, à sept heures du matin, nous sommes partis pour Copenhague.

Mon oncle avait une lettre de recommandation à présenter à M. Thomson, le directeur du Muséum des Antiquités à Copenhague.

M. Thomson était courtois et poli.

Nous sommes montés à bord du voilier la Valkyrie *qui partait pour l'Islande.*

Pendant tout le voyage, mon oncle avait le mal de mer.

Le 14 juin, nous sommes arrivés à Reykjawik, la capitale de l'Islande.

Nous sommes partis en canot pour le port de Reykjawik.

N'oublie pas, Axel.
Le but de notre voyage
doit rester secret.

On nous attendait.

Bonjour,
messieurs !
Je suis le baron
Trampe, gou-
verneur de l'île.

Le maire Finsen.

Et je suis le
docteur Frid-
riksson, pro-
fesseur de
sciences natu-
relles.

Nous sommes
heureux de
vous recevoir
ici.

Vous êtes les
bienvenus.

Vous êtes
mes invités.

Merci !

Eh bien, Axel, le
plus difficile est
fait. Nous n'avons
plus qu'à descendre
au centre de la terre.

Pour l'instant,
nous sommes
invités à dîner !

Au dîner, on parlait de questions scientifiques et surtout du grand savant, Arne Saknessemm.

Professeur Lidenbrock, avant de quitter cette île j'espère que vous allez examiner ses richesses minéralogiques.

On ne les a pas déjà toutes explorées ?

Il reste encore beaucoup de volcans inexplorés.

Vous pensez ?

Bien sûr ! Il y en a un tout près d'ici !

Lequel ?

Vous voyez ce mont, là-bas ? C'est le Sneffels. Puisque vous êtes ici, professeur, allez le visiter.

Eh bien ! je vais volontiers faire un tour du côté de ce mont Sneffels dès demain.

Je connais un bon guide.

Le guide est arrivé le lendemain matin.

Alors, votre nom est Hans Bjelke et vous pouvez nous guider au mont Sneffels ?

Oui.

Les manières calmes de Hans contrastaient singulièrement avec celles de mon oncle.

Il faut vérifier si tout est là, Axel... le thermomètre, le manomètre, le chronomètre, des boussoles, des lumières électriques portatives...

Tout est prêt, mon oncle. Les outils d'escalade et les provisions.

Le lendemain matin, à cinq heures, Hans est arrivé avec des chevaux.

Deux chevaux pour les bagages et deux pour nous... et vous, Hans ?

Moi, je vais marcher.

Un peu plus haut ? Ou un peu plus bas, peut-être ?

Hans chargeait les bagages avec soin sans s'occuper des recommandations de mon oncle.

En quittant Reykjawik, nous avons immédiatement suivi les bords de la mer.
Les champs qu'on a traversés étaient souvent couverts de pierres.

À quatre heures de l'après-midi, on est arrivés à un fjord. La mer était agitée.

Il a fallu plus d'une heure pour traverser le fjord, mais nous sommes arrivés sains et saufs.

Chaque jour le mont Sneffels se rapprochait davantage. Enfin, nous sommes arrivés à Stapi, le petit village le plus proche du mont Sneffels.

On doit laisser les chevaux ici. Ces porteurs islandais vont se charger de nos bagages.

La route devenait de plus en plus difficile.

Souvent, Hans s'arrêtait pour faire des petits tas de pierres.

Fais attention, Axel !

C'est pour indiquer la route du retour.

C'est une bonne idée.

Les vapeurs blanches qui s'élevaient autour de nous m'inquiétaient.

Regardez ces vapeurs, mon oncle !

Eh bien ?

Je crains une éruption volcanique.

Ne t'inquiète pas !

Avant une éruption, ces vapeurs disparaissent. Alors, pour le moment, il n'y a pas de danger.

Je l'espère !

Nous commencions maintenant à gravir les pentes enneigées du Sneffels.

On peut camper ici, Hans ?

Trop dangereux ! Plus haut !

Enfin, vers onze heures du soir, nous nous sommes arrêtés. J'étais épuisé.

Scartaris !

Le cratère ! Nous sommes arrivés !

Le lendemain, nous nous sommes réveillés avec un beau soleil.

Imagine-toi ce cratère rempli de tonnerres et de flammes !

Il me rappelle un énorme canon chargé.

Descendre dans un canon chargé, c'est une folie !

Mais Hans, d'un air indifférent, a repris la tête de la troupe et je l'ai suivi sans un mot.

*Hans faisait de son mieux
pour nous faciliter la descente.*

*Une malle s'est échappée des mains
d'un des porteurs...*

... et est tombée au fond de l'abîme.

*Cependant, à midi, nous
étions arrivés au fond
du cratère principal.*

Il y avait trois cheminées. Mon oncle était fou de joie.
Hans a renvoyé les porteurs.

Tu vois, Axel, une de ces cheminées mène au centre de la terre !

Axel ! Axel ! Viens ici... vite !

Qu'est-ce qu'il y a ?

Regarde ! Il a gravé son nom ici !

Arne Saknussemm ! Mais quelle route a-t-il prise d'ici ?

Le manuscrit l'indique clairement ! Peu avant le commencement de juillet, l'ombre du Scartaris va tomber sur le chemin qu'il faut suivre.

Le Scartaris va nous indiquer la route ?

C'est ça ! Tout ce qu'il nous faut, c'est un jour de soleil !

Pendant deux jours, il n'y a pas eu un rayon de soleil. Une pluie mêlée de neige tombait sans cesse. Mon oncle devenait presque fou.

Mais, le dimanche 28 juin, le soleil a commencé à briller.

Voilà l'ombre du Scartaris !

Elle indique le cratère du centre !

J'ai regardé dans le cratère et j'ai eu le vertige.

Les parois descendent à pic et je ne vois pas de fond !

On va utiliser la corde de 400 pieds.

Mon oncle a divisé en trois les éléments essentiels de nos bagages.

Nous allons prendre les outils, les vivres et les instruments avec nous.

Pour les objets non fragiles, nous allons les retrouver en bas.

Nous avons jeté le paquet, solidement cordé, dans le gouffre.

Bon !
À nous maintenant !

Tous les 200 pieds, il faut attacher la corde par son milieu à une roche et descendre en tenant les deux moitiés. Puis on ramène la corde par un bout et on recommence.

Trois heures et toujours pas de fond !

Tout à coup...

C'est le fond !

Arrêtez !

Enfin ! Après dix heures !

On a descendu 2800 pieds !

Il est temps de souper et de dormir.

Le lendemain matin, comme toujours, mon oncle a noté ses observations.

Baromètre, 29 degrés... thermomètre, 6 degrés Celsius...

Nous avons répété la manœuvre quatorze fois.

Le petit déjeuner terminé, nous avons continué la descente par un tunnel en pente.

Le soir, vers huit heures, nous sommes arrivés dans une caverne.

En suivant la galerie de lave, nous sommes arrivés à une fourche.

Nous suivions toujours la galerie de lave. Parfois, il y avait une longue série d'arches.

Magnifique !

C'est comme une cathédrale.

Parfois, nous étions obligés de ramper.

Comme dans un abri de castor.

Ou la tanière d'un renard.

Quelques jours plus tard...

Mon oncle, il n'y a presque plus d'eau !

Eh bien, il faut rationner l'eau, Axel !

Tout à coup, à six heures, on s'est trouvés devant un mur.

C'est une impasse !

Cela prouve que nous ne sommes pas sur la route de Saknussemm. Il faut retourner au carrefour et prendre l'autre chemin.

Prenons une nuit de repos. Dans trois jours, nous allons être de retour au carrefour.

Mais demain l'eau va nous manquer tout à fait !

Je trouvais la température étouffante. La fatigue me paralysait.

Enfin, le mardi 7 juillet, nous sommes arrivés à demi morts à la jonction des deux galeries.

Le carrefour !

Dieu merci !

Mon oncle s'est approché de moi. Il m'a soulevé la tête.

Bois, Axel ! J'ai réservé ma dernière gorgée d'eau pour toi.

Merci, mon oncle !

L'eau m'a rendu la force de parler.

Il faut reprendre
le chemin de Sneffels.

Abandonner notre
projet ? Jamais !

Alors il faut se
résigner à mourir !

Le manque d'eau est
notre seul problème.
Je veux te faire une
proposition.

Oui, mon oncle ?

Cette galerie doit
conduire au massif
granitique. Là, on
va sûrement trouver
de l'eau.

Je te demande un
jour encore. Si
demain on ne
trouve pas d'eau,
nous retournons
à la surface de la
terre.

*J'ai compris à quel
point il était pénible
pour mon oncle de
faire une telle
proposition.*

Eh bien, j'accepte.
En route.

On a recommencé la descente par la nouvelle galerie.

Des heures sont passées. Nous étions arrivés dans le granit, mais il n'y avait toujours pas d'eau.

Mes forces m'ont abandonné.

Une heure plus tard, Hans est revenu.

Nous sommes descendus dans la galerie, derrière Hans.

Vous l'entendez ?

Il y a de l'eau derrière le mur !

Le bruit devient de plus en plus fort !

C'est une rivière souterraine !

Mais il n'y a pas d'ouverture !

Ici le torrent est tout près.

Oui !

Hans a attaqué la roche avec son pic.

C'est dangereux ! Un éboulement risque de nous écraser !

Il nous faut de l'eau !

Une heure plus tard, un jet d'eau s'est échappé du mur.

Mon oncle avait raison. Bientôt, nous prenions notre première gorgée.

Le lendemain matin, nous avons continué la descente.

La descente a continué pendant quelques jours. Plusieurs fois, nous avons dû utiliser nos cordes. Enfin, le samedi 18 juillet, nous sommes arrivés à une vaste grotte. Nous avons décidé de nous reposer jusqu'au surlendemain.

Nous sommes à 50 lieues au sud-est du Sneffels !

Alors nous sommes sous l'océan Atlantique !

Il y a peut-être des navires au-dessus de notre tête !

C'est possible.

Et des baleines frappent de leur queue les murailles de notre prison ?

Sois tranquille, Axel ! Nous sommes en sécurité.

On a descendu 16 lieues.

Mais, d'après toutes les théories de la science, la température ici doit être de 1500 degrés Celsius !

Tout ce granit doit être en fusion !

Alors tu vois maintenant que ces théories sont fausses !

Quelques jours plus tard, nous arrivions devant un grand océan.

La mer !

Quelle lumière ! Mais elle
ne peut pas venir du soleil.

Il y a même des nuages !

Mais à la
place du
ciel il y a
cette grande
voûte de
granit !

Veux-tu te
promener
un peu ?

Volontiers !

Tout près, nous avons trouvé une forêt haute et épaisse.

Ces arbres sont très bizarres.

Ce ne sont pas des arbres, ce sont des champignons géants !

Et ces fougères sont fantastiques.

On est dans une serre immense !

Des ossements !

Voilà la mâchoire inférieure d'un mastodonte !

Il y a peut-être même une de ces bêtes cachée derrière ce rocher.

Mon Dieu !

Mais nous n'avons trouvé aucun être vivant et nous sommes retournés à la caverne pour la nuit.

Le lendemain matin, Hans et mon oncle se sont levés avant moi. Je suis parti les chercher.

Ils ne peuvent pas être loin.

Bonjour, Axel ! Le radeau est presque terminé.

Un radeau ? Encore une surprise !

Quelques heures plus tard, nous étions prêts à continuer notre voyage.

Embarque ! On part !

D'accord, mon oncle !

Il faut donner un nom à ce petit port.

Je propose le nom de Port-Graüben.

Nous filions vent arrière avec une extrême rapidité.

Nous avons passé des jours et des nuits sur le radeau sans voir de terre. Mon oncle devenait impatient.

Mon oncle a sondé à l'aide d'un pic attaché à une corde.

Nous filons vite, mon oncle !

Mais nous ne descendons pas ! Nous avons peut-être perdu la route de Saknussemm !

On a remonté le pic à bord avec beaucoup d'efforts.

Regardez ça !

Quoi ?

Des marques de dents !

Quel monstre peut posséder une telle force ?

Regardez !

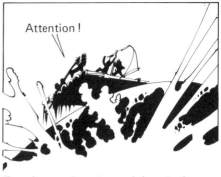

Attention !

Tout à coup, le radeau a été soulevé hors de l'eau.

Un énorme lézard de mer !

C'est le terrible ichthyosaurus !

Hans essayait de manœuvrer le radeau.

Et voilà un plesiosaurus, un crocodile monstrueux !

C'est incroyable !

Ces reptiles s'approchaient de plus en plus de nous.

Ils sont passés près du radeau et se sont précipités l'un sur l'autre !

Nous avons regardé la bataille, terrifiés.

Les deux animaux se sont battus avec une indescriptible furie.

Vingt fois nous avons été sur le point de chavirer.

Tout à coup, les deux monstres ont disparu sous l'eau. Le tourbillon qu'ils ont laissé derrière eux a fait presque chavirer le radeau.

Quelques minutes plus tard, la tête énorme du plesiosaurus est sortie de l'eau.

Un bon vent nous a permis de fuir rapidement le théâtre de la bataille.

L'orage menaçait de briser notre radeau en mille morceaux.

L'orage a duré trois jours et trois nuits.

La foudre a frappé le mât.

C'est Hans qui nous a sauvé la vie.

Brisés par la fatigue, nous nous sommes endormis aussitôt. Le lendemain, le temps était magnifique.

Reste-t-il assez de provisions pour continuer ?

Vous avez l'air content, ce matin.

Mais oui ! Nous sommes enfin au port et nous pouvons pénétrer au centre de la terre !

Certainement ! Hans a sauvé la plus grande partie de la cargaison.

Mon oncle a regardé la boussole. Il avait l'air stupéfait.

Il s'est frotté les yeux.

Il a secoué la tête.

Non !

C'est impossible !

Qu'est-ce que c'est, mon oncle ?

La boussole indique le nord là où nous supposions le sud ! Pendant l'orage une saute de vent a dû nous ramener à Port-Graüben !

Alors, toutes ces journées en mer, c'était pour rien !

Mon oncle, on ne peut pas recommencer le voyage sur un radeau brisé !

Je ne peux pas abandonner le voyage ! Hans répare le radeau en ce moment.

On va partir demain. Entretemps, explorons un peu.

Cette fois, ce ne sont pas des champignons géants... ce sont de vrais arbres !

Nous avons marché plusieurs milles, puis...

Regardez ! Des animaux vivants !

Des mastodontes !

On n'a jamais vu ces animaux autre que dans les musées d'histoire naturelle !

Et nous voici, seuls avec eux près du centre de la terre !

Approchons-nous !

Non ! C'est trop dangereux !

Axel, regarde là-bas !

Un géant !

Il est assez grand pour se faire obéir !

Un peu plus tard, j'ai remarqué un objet qui brillait sur la plage.

Partons ! vite !

Regardez !

Qu'est-ce que c'est, Axel ?

Ceci !

Un vieux poignard !

Il n'est sûrement pas à Hans.

Sûrement pas !

C'est une arme du seizième siècle... la lame est en acier.

Elle est couverte de rouille !

Elle s'est ébréchée sur les rocs de cette mer.

Un homme moderne a dû
le laisser ici !

Oui, un homme qui nous
a précédés... qui a gravé
son nom dans les rocs
avec ce poignard !

Cherchons,
mon garçon !

Examinons
tous les
rochers.

À l'entrée d'un tunnel obscur, nous
avons trouvé ce que nous cherchions...

Deux initiales
gravées dans
le granit !

A. S... Arne Sak-
nussemm nous
montre le chemin.

On est sur la bonne voie !

Formidable ! L'orage nous
a ramenés par hasard à ce
même rivage que nous
voulions quitter.

L'ouverture de la galerie était à environ vingt pas de la plage.

Mais au bout de six pas, nous avons trouvé une barrière de granit...

J'ai hâte de continuer le voyage !

Moi aussi !

Le passage est bloqué !

Mais alors Saknussemm ? Comment est-il passé ? Il doit y avoir un passage !

Nous avons examiné le roc. Impossible de passer.

Ce roc a dû tomber longtemps après le voyage de Saknussemm.

Il faut percer un passage avec des pics et des pioches.

Impossible, dans ce granit !

Alors ?

La poudre !
On va le faire
sauter !

Hans a fait un trou dans le roc.

Il nous faut un grand
trou pour la poudre.

On va passer.
J'en suis
certain !

*Nous avons préparé une longue mèche. À minuit, notre travail de mineurs
était terminé.*

Tout est prêt.

Reposons-nous
jusqu'au matin.

À six heures, nous étions sur pied.

À toi l'honneur d'allumer la mèche !

Merci, mon oncle !

La mèche va brûler pendant dix minutes, Axel. Reviens tout de suite nous rejoindre sur le radeau.

D'accord !

Feu !

Allons-y, Hans !

Encore quatre minutes !
Encore trois... deux...
une !

On a brisé la barrière de granit !

Oui !

Nous suivons le chemin de Saknussemm, mais nous entraînons la mer avec nous !

Nous allons à une vitesse incroyable !

Il ne reste plus de provisions... on ne sait pas si on va jamais sortir d'ici. C'est la fin !

Nous avons voyagé comme cela pendant des jours. Tout à coup, nous avons senti un choc et une trombe d'eau nous a inondés.

Et maintenant ?

Courage, Axel !

Qu'est-ce qui se passe ?

Nous montons rapidement !

Quelle chaleur ! L'eau est brûlante !

Oui, Axel...

... nous sommes dans la cheminée d'un volcan en éruption ! Nous avons de la chance !

De la chance ? ? ?

Pourquoi dites-vous cela ?

C'est notre seule possibilité de jamais nous échapper du centre de la terre !

Pour ne pas faire peur aux pêcheurs superstitieux de Stromboli, nous leur avons dit que nous étions d'humbles naufragés. Ils nous ont accueillis chaleureusement. Finalement, le 9 septembre au soir, nous sommes arrivés à Hambourg.

Mon oncle est devenu un grand homme, honoré dans le monde entier, et moi, le neveu d'un grand homme.

Hambourg a donné une fête en notre honneur.

Mon oncle a été invité à faire une communication devant les membres de l'Institut des Sciences.

... et maintenant, notre célèbre collègue, le professeur Lidenbrock !

Et moi, j'étais le plus heureux des hommes.

Mon oncle... Graüben et moi, nous allons nous marier !

C'est merveilleux, n'est-ce pas ?

Oui, oui, très bien... mais regardez ce que je viens de découvrir dans ce vieux manuscrit.

ATLANTIS

FIN

LEXIQUE

A

abîme (m.) : abyss, chasm
abandonner : to give up
abri (m.) de castor : beaver lodge
acier (m.) : steel
accueillir : to welcome
allumer : to light
amener (la voile) : to strike (the sail)
appartenir : to belong
apprendre : to learn
arrière : rear
atteindre : to reach
audacieux : brave
au-dessus : above
augmenter : to increase
aussitôt : immediately

B

bac (m.) : ferryboat
baleine (f.) : whale
bas : low
bataille (f.) : battle
se battre : to fight
berger (m.) : shepherd
bête (f.) : animal
bouillant : boiling
boussole (f.) : compass
bout (m.) : end
bout (m.) de papier : slip of paper
briller : to shine
briser : to break
brouillé : scrambled
bruit (m.) : sound, noise
brûler : to burn
but (m.) : goal

C

canular (m.) : hoax
cargaison (f.) : cargo
carrefour (m.) : crossroads
chaleur (f.) : heat
chaleureusement : warmly
champ (m.) : field
champignon (m.) : mushroom
chance (f.) : luck

charger : to load
se charger de : to take care of
chavirer : to capsize
chemin (m.) : road, way
cheminée (f.) : chimney
cheval (m.) : horse
ciel (m.) : sky
clef (f.) : key
combinaison (f.) : combination
comble ; c'est le comble : that's the last straw
communication ; faire une communication :
    to give a paper
conduire : to lead
convaincre : to convince
côte (f.) : coast
courtois : courteous
cratère (m.) : crater
croire : to believe
cuivre (m.) : copper

D

davantage : more
début (m.) : beginning
déchiffrer : to decipher
découverte (f.) : discovery
découvrir : to discover
demain : tomorrow
dent (f.) : tooth
devenir : to become
disparaître : to disappear
dormir : to sleep

E

eau (f.) : water
éboulement (m.) : cave-in
s'ébrécher : to become chipped
s'échapper : to escape
écraser : to crush
s'endormir : to fall asleep
endroit (m.) : place
s'enfoncer : to penetrate
enseigner : to teach
entraîner : to bring along
entretemps : in the meantime
envers ; à l'envers : backwards

épais : thick
époque (f.) : time
épouser : to marry
épuisé : exhausted
essayer : to try
éteint : extinct
étouffant : stifling
être (m.) : being
s'éventer : to fan oneself

F

faim (f.) : hunger
falloir : to be necessary
faut ; il faut : it is necessary
faux, fausse : false
feu (m.) : fire
feuille (f.) : leaf ; sheet
filer : to speed, to fly
filleule (f.) : goddaughter
fin (f.) : end
folie (f.) : madness
fond (m.) : bottom
forêt (f.) : forest
fort : hard ; strong
fou : mad
foudre (f.) : lightning
fougère (f.) : fern
fourche (f.) : fork
frapper : to strike
se frotter : to rub
fuir : to flee

G

galerie (f.) : tunnel
géant (m.) : giant
gloire (f.) : glory
gorgée (f.) : mouthful, sip
gouffre (m.) : gulf, chasm
graver : to carve
gravir : to climb
grotte (f.) : cave

H

hasard ; par hasard : by chance

haut : high

I

île (f.) : island
impasse (f.) : dead end
incroyable : incredible
inférieur : lower
inonder : to inundate
inquiéter : to worry
islandais : Icelandic

J

joie (f.) : joy

L

lame (f.) : blade
lave (f.) : lava
lendemain (m.) : the next day
lieue (f.) : league
lire : to read
loin : far
lumière (f.) : light

M

mâchoire (f.) : jaw
mal (m.) de mer : seasickness
malle (f.) : case
manque (m.) : lack
mât (m.) : mast
mèche (f.) : wick
mêlé : mixed
mener : to lead
mer (f.) : sea
merveilleux : marvellous
milieu (m.) : middle
moitié (f.) : half
monde (m.) : world
mort : dead
mourir : to die
moyen (m.) : means
muraille (f.) : wall

N

nage ; à la nage : swimming
naufragé (m.) : shipwrecked person
navire (m.) : ship
neveu (m.) : nephew
nuage (m.) : cloud
nuit (f.) : night

O

obéir : to obey
ombre (f.) : shadow
or (m.) : gold
orage (m.) : storm
ossements (m. pl.) : bones
oublier : to forget
outil (m.) : tool
ouverture (f.) : opening

P

parfois : sometimes
paroi (f.) : wall
partager : to share
pays (m.) : country
pénible : difficult
pente (f.) : slope
peur ; faire peur : to frighten
pic (m.) : pick
pic ; à pic : straight down
pierre (f.) : stone
pioche (f.) : pick (axe)
plage (f.) : beach
platine (m.) : platinum
pluie (f.) : rain
poignard (m.) : dagger
poudre (f.) : powder
près : near
proche : near
se promener : to go for a walk

Q

queue (f.) : tail

R

radeau (m.) : raft
rafraîchir : to refresh
raison ; avoir raison : to be right
ramener : to pull back ; to bring back
ramper : to crawl
recevoir : to receive
se refroidir : to cool
rempli : filled
renard (m.) : fox
renvoyer : to dismiss
repos (m.) : rest
retour (m.) : return
se réveiller : to wake up
rivage (m.) : shore
rivière (f.) : river
rocher (m.) : rock
rouille (f.) : rust
runique : Runic

S

sain et sauf : safe and sound
saute (f.) de vent : sudden change
in wind direction
sauter ; faire sauter : to blow up
savant (m.) : scientist
secours ; au secours ! : help !
serre (f.) : greenhouse
siècle (m.) : century
signifier : to mean
soif (f.) : thirst
souper : to eat dinner
souterrain : underground
stupéfait : astounded
suivre : to follow
sûrement : surely
surlendemain (m.) : the day after
tomorrow

T

tanière (f.) : den
tard ; plus tard : later
tas (m.) : pile

64

tenir : to hold
terminé : finished
tomber : to fall
tout à coup : suddenly
tout à fait : completely
traduire : to translate
traversée (f.) : crossing
trombe (f.) : torrent
trou (m.) : hole
troupeau (m.) : herd

V

valise (f.) : suitcase
vent (m.) : wind
vérifier : to check
vertige (m.) : dizziness
vivant : living
vivre : to live
vivres (m. pl.) : supplies
voie (f.) : path
voile (f.) : sail
voilier (m.) : sailing ship
volcan (m.) : volcano
volontiers : gladly
voûte (f.) : vault
voyageur (m.) : traveller